AF254012

HARANGUE

CONTRE

LES ENNEMIS DE LA TRANQUILLITÉ PUBLIQUE.

A. ÉGRON, IMPRIMEUR
DE S. A. R. Mgr. DUC D'ANGOULÊME,
rue des Noyers, n° 37.

HARANGUE

CONTRE

LES ENNEMIS DE LA TRANQUILLITÉ PUBLIQUE,

PRÉCÉDÉE

D'UNE DÉCLARATION SOLENNELLE;

DÉDIÉE

AU PEUPLE FRANÇAIS.

PAR M. J. Vʳ. COUTURE,

OFFICIER DE MARINE EN RETRAITE.

> Le cœur des Bourbons saigne encore, et
> vous y replongez le poignard! preuve certaine
> que vous êtes les dignes complices du vil as-
> sassin d'un grand Prince.

PARIS.

—

1820.

AUX FRANÇAIS.

Chers compatriotes !

C'est à vous que je dédie ce premier essai de mes forces ; ce premier fruit de mes veilles pour votre tranquillité, de mon amour pour vous.

Daignez, chers compatriotes, en agréer l'hommage comme un sûr garant que je n'entreprendrai jamais rien, touchant vos intérêts et votre bonheur, que dans les vues les plus louables, et conséquemment les plus dignes de votre approbation.

C'est cette approbation que j'ambi-

tionne ; c'est elle seule : elle me dédom-
magera amplement des travaux pénibles
auxquels j'ai résolu de consacrer le reste
de ma vie : elle sera ma plus précieuse récompense ; ma récompense la plus dési-
rée, la plus douce, la plus chère à mon
cœur et aussi la plus glorieuse pour moi.

DÉCLARATION

SOLENNELLE.

Je déclare solennellement devant Dieu, qui est mon juge et ma force, et à la face de l'univers qui m'entend, qu'il n'y a rien au monde que je respecte tant que les hommes véritablement libéraux, et que je leur prêterai main forte de tout mon pouvoir ; que cette harangue n'est pas conséquemment dirigée contre eux, mais qu'elle frappe courageusement sur ceux qui, sous le masque de la libéralité, cachent des projets odieux et jouent ainsi les rôles les plus infâmes.

Tels sont MM ***. Je m'arrête, je ne les nommerai point, je ne les désignerai point à la vengeance publique ; j'éviterai par là, autant qu'il me sera possible, de les couvrir d'une honte éternelle. Je garderai cette retenue envers eux par indulgence pour eux, pour les ramener à des sentimens d'humanité et d'équité, pour imiter la générosité de mes Princes.

Je déclare en outre que si, malgré ma réserve, quelques-uns des coupables reconnaissant l'atrocité de leur conduite, se formalisent de ce que j'attaque avec tant d'intrépidité les ennemis de l'ordre, et par conséquent de ma patrie, je suis prêt à leur en donner toute la satisfaction qu'ils voudront exiger de moi : trop heureux, si je dois succomber dans cette lutte, de mourir pour une cause aussi belle que celle que je me fais un devoir de défendre en ma qualité de sujet fidèle et de citoyen zélé, me glorifiant d'être né Français et d'en avoir tous les sentimens généreux.

Fait à Paris, ce 31 août 1820.

J. V. COUTURE.

HARANGUE

CONTRE

LES ENNEMIS

DE

LA TRANQUILLITÉ PUBLIQUE.

———

Comment pouvez-vous, hommes
d'une perversité et d'une cruauté sans

exemple, hommes jaloux de toute espèce d'autorité et qui n'en respecterez
jamais aucune; hommes qui savez dé-
guiser vos noirceurs sous les appa-
rences trompeuses d'un zèle louable
pour la patrie, mais qui êtes en effet
ses plus acharnés ennemis; hommes
qui n'êtes pas dignes du nom d'hommes; monstres affreux que la terre en-
fanta sans doute pour nous punir d'un
grand crime; comment pouvez-vous,
dis-je, avoir l'impudence de soutenir à
nos yeux, à la face de l'univers entier,
que les Bourbons sont des tyrans, lors-
qu'ils souffrent si patiemment vos in-

jures, vos calomnies, vos outrages de toute espèce, vos projets ouverts de rébellion, vos actes de rébellion même? Comment pouvez-vous traiter ces généreux princes de tyrans, après l'expérience que vous avez faite de leur extrême indulgence pour des hommes comme vous, qui n'en méritent aucune; qui ne respectent rien, ni le Roi des cieux, ni les Rois de la terre, ni la tranquillité de leurs concitoyens; des hommes qui n'ont pas honte de prêcher, *dans le sanctuaire même des lois*, ce qu'ils appellent *les saints devoirs de la rébellion;* qui ne respirent que la vengeance et ne font usage de leurs talens que pour égarer le peuple, corrompre la jeunesse, et souffler ainsi la discorde dans toutes les parties du Royaume?

Comment pouvez-vous traiter de tyran un Roi qui souffre que vous sapiez avec tant d'audace les fondemens de son trône; un Roi qui, cédant à vos insinuations perfides, et voulant donner à la nation une grande preuve de sa tendre affection pour elle, a bien voulu se priver de ceux de ses sujets qui lui avoient montré le plus de fidélité dans les momens les plus critiques de la monarchie? Comment pouvez--vous le traiter de tyran ce Roi de qui vous tenez les armes que vous ne cessez de lui plonger dans le cœur; ces armes qu'il vous a données pour protéger les citoyens et pour garantir la puissance de son gouvernement qui fait la sûreté de tous, et sans lequel la patrie, en proie à la fureur des factions révolutionaires, iroit précipitamment à sa ruine? Comment encore une fois, pouvez-vous le traiter de tyran ce bon Roi qui, ne consultant que son cœur magnanime et son amour pour ses sujets;

a bien voulu rappeler au sein de la patrie des hommes qui en avoient été bannis, malheureusement à la vérité, mais cependant avec plus de justice, ce me semble, que ce guerrier fameux, si renommé pour ses talens militaires et son patriotisme, qui avoit si bien servi sa patrie et qui ne l'a plus revue? Qui pourra jamais comprendre qu'un si grand homme ait pu se rendre coupable du crime horrible pour lequel il a été flétri? et n'est-ce pas par suite de ce que son âme héroïque a souffert d'une injustice cruelle et du despotisme affreux sous lequel il nous a vu gémir, qu'il s'est enfin résolu à diriger lui-même au sein de sa patrie ces phalanges étrangères qui n'avoient jamais pu y pénétrer, voulant, à l'aide de ce puissant moyen, consommer la ruine d'un gouvernement ébranlé jusque dans ses fondemens par tant d'entreprises sinon extravagantes, du moins conçues et conduites avec peu de sagesse; d'un gouvernement devenu odieux à l'Europe entière et même à la France, parce qu'il étoit le plus tyrannique qui eût jamais existé ?

Oui, certainement oui, c'étoient ces

vues généreuses qui animoient encore Moreau dans ses derniers momens.

Mais quittons le héros qui aima la patrie et revenons aux lâches qui la veulent trahir.

Comment, hommes exécrables, pouvez-vous avoir le cœur assez dépravé et assez dur pour surcharger de chagrins un monarque que vous devriez respecter, ne seroit-ce qu'à cause de son âge, de ses infirmités douloureuses et du coup terrible dont sa famille vient d'être accablée?

Le cœur des Bourbons saigne encore

et vous y replongez le poignard! preuve certaine que vous êtes les dignes complices du vil assassin d'un prince grand par des vertus que votre corruption ne vous permet pas d'apprécier; d'un prince qui étoit notre espoir, et qui faisoit par cela même le bonheur de sa famille.

Oui, c'est vous, hommes qui n'en avez que la figure, hommes de sang dont le caractère est semblable à celui des tigres et plus féroce encore; oui, c'est vous qui avez dirigé la main de Louvel : oui, c'est vous qui avez déchiré

nos cœurs : oui, c'est vous qui nous ré-
duiriez bientôt au désespoir, si nous
n'avions pas le courage de vous résis-
ter ; mais nous vous résisterons.

Vous n'avez tant de hardiesse que
parce que vous comptez sur l'impunité.

Nous serons plus hardis que vous
parce que nous avons pour nous Dieu,
la vertu et la justice.

Qu'attendons - nous encore pour
abaisser vos têtes altières ? vos coupables excès n'ont-ils pas enfin assez dé-
couvert aux yeux de tous votre lacheté,
votre perfidie, votre noirceur, votre

ambition aussi criminelle qu'elle est cruelle et démesurée : ambition qui a une soif insatiable du pouvoir et qui voudroit s'en saisir à quelque prix que ce fût ; ambition cent fois plus tyrannique que ne le seroit l'action puissante et simultanée de tous les tyrans ensemble ?

D'après toutes ces considérations, moi qui ne suis qu'un simple sujet, mais un sujet fidèle et un citoyen des plus zélés pour le bien public, je dis que je ne vois pas d'autre oppression en France que celle que vous y exercez

par vos infâmes écrits et par vos me-
nées sourdes; qu'il faut que cette oppression cesse bientôt ou que l'on en
fasse justice. Je le dis parce que je ne
suis qu'un simple sujet et un citoyen
totalement dévoué à la chose publique; un citoyen déjà connu pour son
ardent amour de la patrie; un citoyen
qui l'a servi pendant plus de vingt-deux
ans cette patrie si chère à son cœur,
et pour laquelle il est prêt à verser
tout son sang, plutôt que de la voir
succomber sous des hommes qui (en
leur supposant même les intentions les
plus louables) la conduiroient infailli-

blement à sa ruine : si j'étois souverain je ne me bornerois pas à dire qu'il faut faire cesser cette oppression, je le ferois, et je le ferois sans différer davantage.

FIN.

IMPRIMERIE D'A. ÉGRON.